STEAL LIKE AN ARTIST

クリエイティブの授業

"君がつくるべきもの"をつくれるようになるために

オーステイン・クレオン AUSTIN KLEON　千葉敏生訳

実務教育出版

STEAL LIKE AN ARTIST
10 Things Nobody Told You
about Being Creative
by
Austin Kleon

Japanese translation rights arranged with
Workman Publishing Company, Inc.
through Japan UNI Agency, Inc., Tokyo.

ブームに捧げる

ブームが来たときのために

クリエイティブの授業

CONTENTS

「芸術とは盗むことだ」

パブロ・ピカソ
（スペインの画家）

「未熟な詩人はまねるが、熟練した詩人は盗む。
無能な詩人は盗んだものを壊すが、
有能な詩人はより優れたもの、少なくとも違うものへと変える。
つまるところ、有能な詩人は、
盗んだものを盗む前とはまったく異なる、
独特な雰囲気に変えてしまうのだ」

T. S. エリオット
（イギリスの詩人）

19-YEAR-OLD ME
COULD USE SOME
ADVICE...

世間知らずだった19歳の僕

昔の僕へ

僕はいつもこう考えている。人はアドバイスをするとき、
過去の自分に語りかけているんだと。
この本は、僕が今までの自分に語りかけているものだ。
どうすれば作品が生み出せるのか。
この本には、その答えを10年近く探しつづけてきた
僕のアドバイスが詰まっている。
でも、それを人に伝えはじめたとき、面白いことに気づいた。
僕のアドバイスは、アーティストだけじゃなく、
誰にでも当てはまるんだと。
これから紹介するアイデアは、人生や仕事を
ちょっぴりクリエイティブにしたいと思っている人なら、
誰でも取り入れられる（そう、つまり全員だ）。
一言でいえば、この本は君のためにある。
君が誰なのか、何を作っているのかは関係ない。
さあ、始めよう。

①

STEAL LIKE AN ARTIST.

アーティストのように盗め！

盗む価値があるか？

別のものを探す

アーティストのように世界を観よう

アーティストはよくこんな質問をされる。

「どこからアイデアがわいてくるんですか?」

正直なアーティストはこう答える。

「そりゃ、盗むのさ」

アーティストは世界をどう観ているのだろう?

まず、盗む価値があるものを探す。探したら、また別のものを探す。

たったそれだけなんだ。

こんなふうに世界を観ていると、何が「よい」もので、何が「悪い」ものかなんて、どうでもよくなってくる。目の前にあるのは、「盗む価値のある」ものと、「盗む価値のない」ものだけなんだから。

盗めるものは、そこらじゅうに転がっている。今日、盗むものが見つからなくても、明日、１か月後、１年後に見つかるかもしれない。

「僕がじっくり鑑賞するのは、
盗めるところがある作品だけだね」

デヴィッド・ボウイ
（イギリスのミュージシャン）

“オリジナル”なんてないんだ

小説家のジョナサン・レセムがこんなことを言っている。「何かを“オリジナル”と呼ぶやつは、十中八九、元《もと》ネタを知らないだけなんだ」

一流のアーティストなら、無から生まれるものなんて何もないと知っている。創作作品には必ずベースがある。100パーセント“オリジナル”なものなんてないんだ。

聖書にもこんな一節がある。「太陽の下《もと》に新しきものなし」（『コヘレトの言葉』１章９節）

そう聞くと、気が滅入る人もいる。でも、僕にとっては希望だ。フランスの小説家、アンドレ・ジッドはこう語る。「言うべきことは、すでに誰かが言っている。だが、聞いている人がいなかったばかりに、言いなおすはめになるのだ」

「オリジナルでなければ」という肩の荷を下ろせば、僕たちはもう無から何かを作ろうなんて思わなくなる。他人の影響を避けようとするんじゃなくて、受け入れられるようになるんだ。

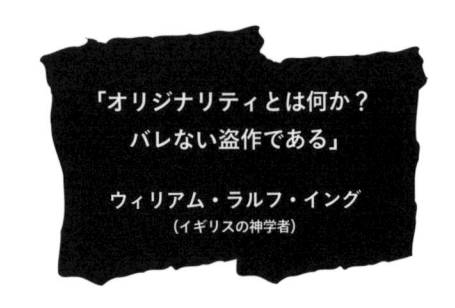

「オリジナリティとは何か？
バレない盗作である」

ウィリアム・ラルフ・イング
（イギリスの神学者）

アイデアの系図

どんな新しいアイデアも、今までのアイデアの組み合わせや組み替えでできている。

ちょっとしたトリックを紹介しよう。アート・スクールで習う定番のトリックだ。紙に平行線を引いてみてほしい。

線は何本ある？

１本目の黒線に、２本目の黒線。でも、それだけじゃない。その間の空白に、３本目の線がある。

そう、つまり　１＋１＝３　てことさ。

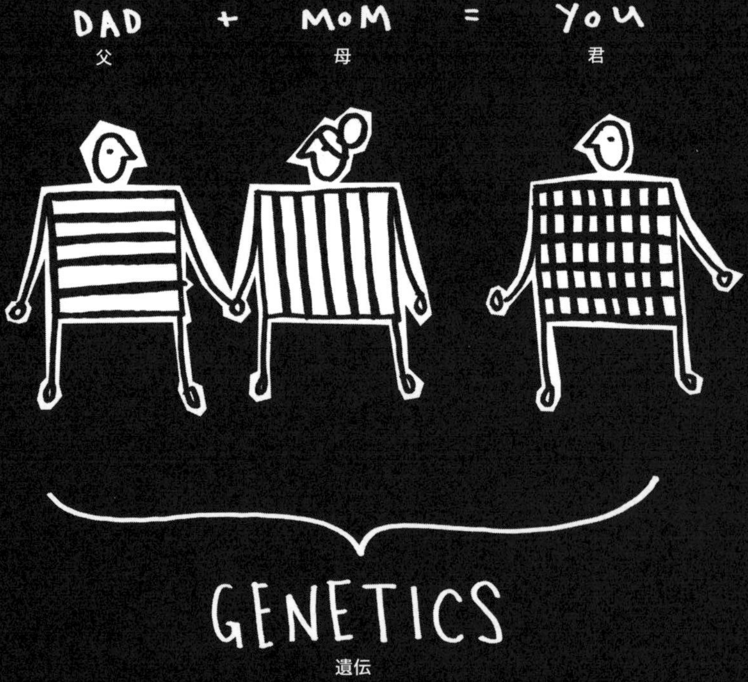
DAD + MoM = YoU
父
母
君
GENETICS
遺伝

いちばんの例が遺伝だ。君には父と母がいる。君は両親の特徴を受け継いでいるけれど、単なる「父＋母」よりもずっと大きい。父、母、そしてすべての先祖たち——それがごちゃまぜになったものが君なんだ。

家族に系図があるように、アイデアにも系図がある。家族を選ぶことはできないけれど、師や友人を選ぶことならできる。聴く音楽も選べるし、読む本も選べるし、観る映画だって選べる。

つまり、君が人生に何を迎え入れるかで、君は作られる。その影響１つ１つを足し合わせたもの——それが君なんだ。ドイツの作家、ゲーテはこう言っている。「人間は、自分の愛するものによって形作られている」

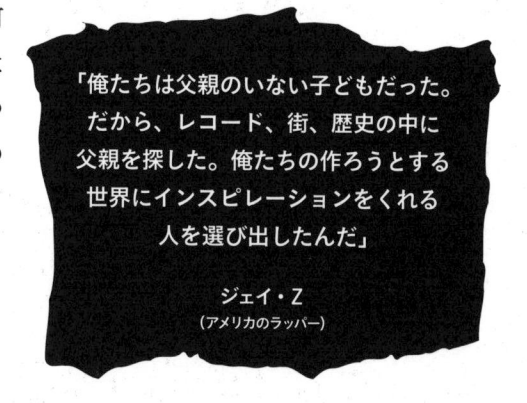

「俺たちは父親のいない子どもだった。だから、レコード、街、歴史の中に父親を探した。俺たちの作ろうとする世界にインスピレーションをくれる人を選び出したんだ」

ジェイ・Z
（アメリカのラッパー）

ゴミからは
ゴミしかつくれない

アーティストは収集家だ。でも、ためこみ屋《ホーダー》じゃない。何が違うのかって？　ためこみ屋は何でもかんでも集める。アーティストは取捨選択して集める。「これこそ」と思うものだけを集めるんだ。

こんな経済理論を知っているかい？　いちばん親しい友人５人の収入を平均すると、その人の収入がわかるんだって。

アイデアも同じだと思うんだ。君のまわりに何があるかで、君の限界が決まる。僕の母親はよく、「ゴミからはゴミしかつくれない」と言っていた。昔は意味がわからなかったけれど、今ではよくわかる。

君の仕事は、抜群のアイデアを収集することだ。抜群のアイデアを集めれば集めるほど、盗むものが増えていくのだから。

「自分の感性と共鳴するもの、
想像を掻き立てるものなら、
どんなものからでも盗みなさい。
昔の映画、今の映画、
音楽、本、絵、写真、詩、夢、雑談、
建物、橋、看板、木、雲、水、光、影。
どんどん吸収し、心に訴えかけるものだけから
盗むのだ。そうすれば、
君の作品（盗品）は本物になる」

ジム・ジャームッシュ
（アメリカの映画監督）

自分の系図をたどる

マルセル・デュシャンは言っている。「私はアートを信じない。私が信じるのはアーティストだ」と。僕は、これこそ学習にはもってこいの考え方じゃないかと思う。学ぼうとしている分野の歴史を丸飲みしようとすれば、喉がつかえてしまう。

むしろ、君が心から敬愛する人、１人だけをじっくりと嚙みしめよう。作家、アーティスト、活動家、偉人。誰でもいいから、徹底的に研究する。そうしたら、その人が敬愛する人を３人探して、その３人を徹底的に研究する。それをひたすら繰り返す。なるべく遠くまで系図をたどっていくわけだ。系図ができあがったら、そこに１本の枝を付け加える――君自身の枝を。

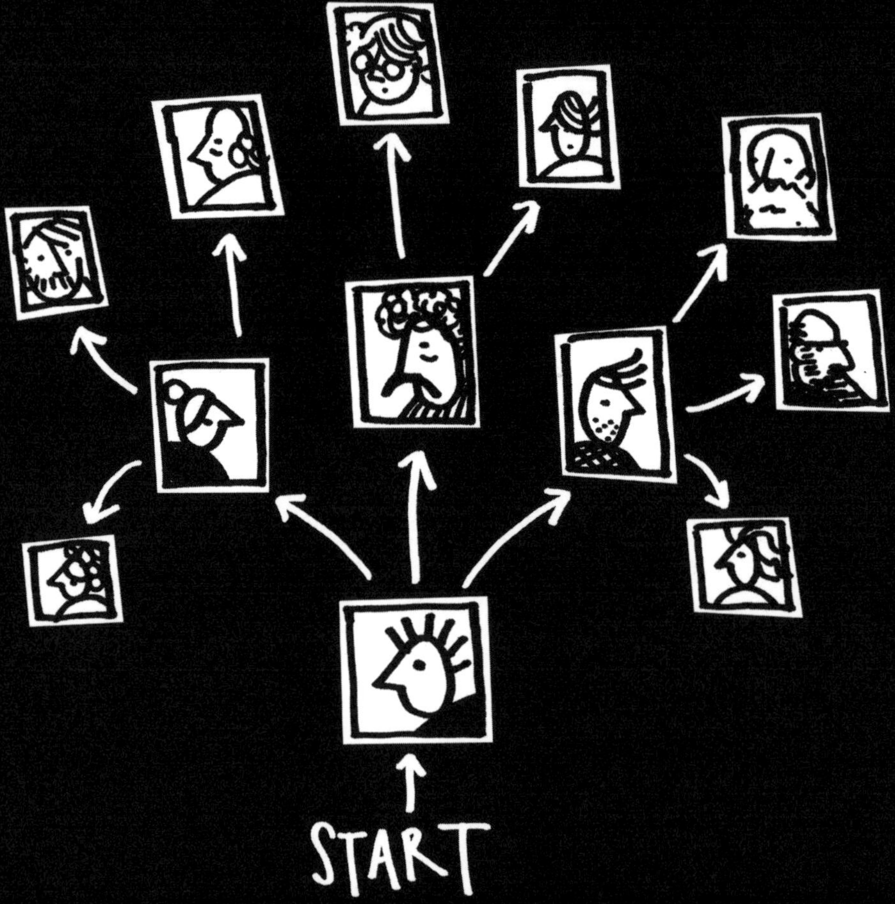
START

君はこのクリエイターたちの系図の一部だ。そう考えれば、いざ作品を作りはじめるとき、孤独を感じずにすむ。そう言う僕も、仕事場に大好きなアーティストの写真を飾っている。守護霊みたいなものさ。僕がデスクで肩を丸めていると、背中をポン、と押してくれるような気がするんだ。

故人や遠くにいる人を師にすることには、１つ大きなメリットがある。弟子になるのを断られずにすむってことだ。それに、好きなだけ学び取れる。レッスン・プランは作品の中に残されているんだから。

[redacted] read deeply [redacted]

[redacted] continue to wonder [redacted]

深く読み

感動を忘れず

[redacted] stay open. [redacted]

[redacted] Google [redacted] it [redacted] y o [redacted]

心を開き

何でもググろう

自分を教育する

学校と教育は別物だ。必ずしもイコールなわけじゃない。学校に行こうと行くまいと、自分を教育するのはいつだって自分の責任なんだ。

自分の住む世界に興味を持つ。物事を調べる。参考文献をしらみつぶしに当たる。誰よりも深く追求する。そうしてこそ、君は前進できる。

何でもGoogleで検索しよう。夢。悩み。文字どおり何でも。Google検索する前に質問しちゃいけない。うまくいけば答えが見つかるし、そうでなくとも、もっとマシな質問が見つかるかもしれない。

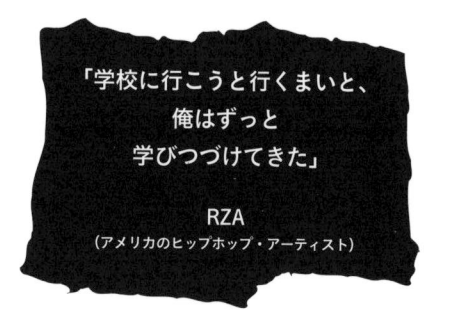

「学校に行こうと行くまいと、
俺はずっと
学びつづけてきた」

RZA
（アメリカのヒップホップ・アーティスト）

常に何かを読んでいよう。図書館に行こう。本に囲まれるってのは、まるで魔法にかかった気分だ。本の山に埋もれよう。参考文献のリストを読もう。大事なのは、最初に読む本じゃない。その本からどの本にたどり着くかだ。

本を収集しよう。すぐに読む気がなくたっていい。映画監督のジョン・ウォーターズは言っている。「未読の蔵書ほど大事なものはない」と。

調査なんか苦手でもいい。検索すればいいんだから。

盗ったものは
とっておく

どこにでもノートとペンを持ち歩こう。何かあるたびにノートを引っぱり出して、考えたことや見たものを書き留めよう。気に入った本の一節を書き写そう。盗み聞きした会話を記録しよう。電話中に落書きしよう。

紙を持ち歩くためなら、手間は惜しんじゃいけない。芸術家のデイヴィッド・ホックニーは、スケッチブックが収まるように、ジャケットの内ポケットをすべてオーダーメイドした。ミュージシャンのアーサー・ラッセルは、五線紙の切れ端を入れられるよう、前ポケットが２つ付いたシャツを好んだ。

“ネタ帳”を持ち歩こう。その名のとおり、他人《ひと》から盗んだネタを記録しておくためのファイルだ。記録できるなら、デジタルでもアナログでも、どんな形式でもかまわない。スクラップブックを持ち歩いて切り貼りしてもいいし、カメラ付きケータイで写真を撮るだけだっていい。

盗みたいものが見つかった？　ネタ帳に記録しよう。アイデアの限界？　ネタ帳を開こう。

新聞記者は同じものを“ボツネタ帳”と呼んでいる。僕はこの名前のほうが好きだ。ボツネタ帳は、ボツになったネタを記録しておくためのファイルだ——未来の作品で復活させられるように。

「そこらに放置されているくらいなら、
自分のものにしてしまったほうが
よっぽどいい」

マーク・トウェイン
（アメリカの作家）

②

DON'T WAIT UNTIL
YOU KNOW WHO YOU
ARE TO GET STARTED.

自分探しは後《あと》回し

WHAT WE ARE
現在《いま》の自分
WHAT WE WANT TO BE
理想の自分

モノをつくって自分を知る

自分は誰なのか。何がしたいのか。それがわかるまで、モノを作るのを待っていたとしたら、僕は今でも創作なんてせずに、自分探しを続けていたかもしれない。僕の実体験から言うなら、モノを作り、仕事をしてこそ、自分を知ることができるんだ。

準備はもういい。すぐに創作を始めよう。

足を踏み出すのが怖い？　それは自然な感情だ。デキるやつにだって同じ感情はある。その名も「偽者症候群（Imposter Syndrome）」だ。

臨床的な定義では、「自分自身の成功を内在化することができない心理的現象」を指す。簡単に言えば、自分が偽者であるかのような感覚、たまたまうまくいっているにすぎないような感覚、自分が何をしているのかわからない感覚のことだ。

でも、考えてみてほしい。誰だってそうなんだ。創作の仕事をしている人に訊いてみるといい。真実を教えてくれるはずだ――「名案がどこからわいてくるのかなんて自分でもわからない。ただ毎日、自分の仕事に向かっているだけだ」って。

できるまでは
できるフリ

　ドラマツルギーって言葉を知っているかい？　この聞き慣れない単語の意味は、400年ほど前、ウィリアム・シェイクスピアが喜劇『お気に召すまま』の中で説明している。

この世はすべて舞台だ

男も女もみな役者にすぎない

退場もあれば登場もある

そして1人1人が一生に何役も演じる

簡単に言えば、「できるまでは、できるフリをしろ」ってことさ。

僕はこのフレーズが大好きだ。解釈は２通りある。

1. なりたい自分になれるまで、そのフリをしろ。みんなが自分の思いどおりに見てくれるまで、その自分を演じろ。
2. 実際に何かを作れるようになるまで、作っているフリをしろ。

僕はどっちの解釈も好きだ。自分のしている仕事じゃなく、自分のしたい仕事の身支度をしなくちゃいけない。そして、自分のしたい仕事を、すぐに始めなきゃいけない。

僕はミュージシャンのパティ・スミスの著書『Just Kids』も好きだ。アーティスト志望の２人の若者が、ニューヨークへと移る話を描いている。２人がどうやってアーティストになったかわかるかい？

「誰だって本物になる前は偽者なのだ」

グレン・オブライエン
（アメリカのライター）

THE SCRIPT
台本
THE PROPS
小道具
THE STAGE
舞台

2人はアーティストを演じたんだ。本のタイトルにもなった、僕のお気に入りのシーンがある。パティ・スミスと、友人で写真家のロバート・メイプルソープは、ボヘミアン・ジプシーの格好をして、人々でにぎわうワシントン・スクエア・パークに行く。観光客の夫婦が2人をじっと見つめる。妻が夫に言う。「ねえ、写真を撮っておきましょう。多分、アーティストよ」。すると夫が答える。「いいや、あいつらはただの子ども《ジャスト・キッズ》さ」

僕が言いたいのはこういうことだ。この世はすべて舞台だ。創作の仕事というのは、一種の演劇みたいなものだ。舞台は、君のスタジオ、君のデスク、君の作業場。衣装は、君の仕事着だ——ペインター・パンツ、ビジネス・スーツ、あるいは、頭が冴えるというシルクハット。小道具は、君の素材、道具、媒体だ。そして台本は、時間そのもの。こっちで1時間、あっちで1時間。ただ出来事が起きていく時間が台本なんだ。

できるまでは、できるフリ。

コピーする

誰もスタイルや個性を持ったまま生まれてくるわけじゃない。自分が誰だかわかって生まれてくるわけじゃない。僕たちはまず、自分のヒーローのまねから始める。“コピー”して学んでいくわけだ。

といっても、僕の言うコピーというのは、練習であって盗作じゃない。盗作ってのは、他人の作品を自分の作品にしてしまうことだ。コピーとは、いわばリバースエンジニアリングだ。整備士が車を分解して仕組みを調べるのと似ている。

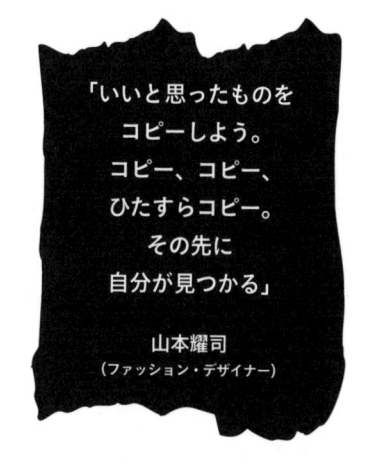

「いいと思ったものを
コピーしよう。
コピー、コピー、
ひたすらコピー。
その先に
自分が見つかる」

山本耀司
(ファッション・デザイナー)

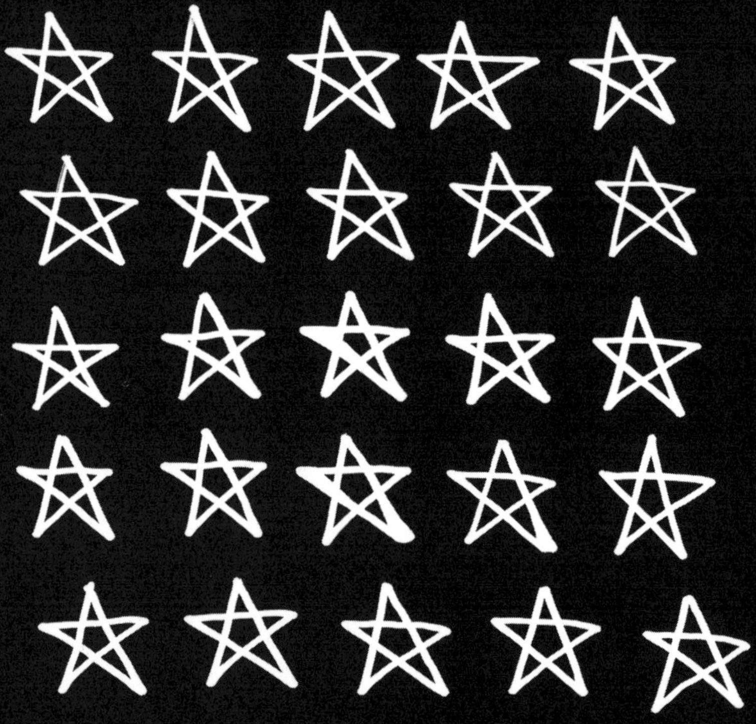

THE HUMAN HAND IS INCAPABLE of MAKING A PERFECT COPY.

人間の手では完璧なコピーは作れない

私たちは文字をなぞって書き方を覚えた。ミュージシャンは音階《スケール》をくり返して弾き方を覚えた。画家は名画を模写して描き方を覚えた。

いいかい？　ビートルズだって最初はコピー・バンドだったんだ。ポール・マッカートニーは言っている。「バディ・ホリー、リトル・リチャード、ジェリー・リー・ルイス、エルヴィスをコピーした。みんなでね」と。マッカートニーと、パートナーのジョン・レノンは、史上最高の作曲家コンビとして歴史に名をとどろかせた。でも、マッカートニーが言うには、２人がオリジナル曲を書きはじめたのは、「ほかのバンドには演奏できない曲を作るため」だった。スペインの画家、サルバドール・ダリはこう言っている。
「何もまねしたくないなんて言っている人間は、何も作れない」

まずは、コピーする相手を見つけることだ。見つかったら、次はコピーする作品だ。

コピーする相手を見つけるのは簡単だ。君の大好きな人、君に刺激を与えてくれる人、君が憧れる人をコピーすればいい。一言でいうなら、君の“ヒーロー”だ。作曲家のニック・ロウは言っている。「まずは自分のヒーローの全作品を作りなおそう」と。といっても、１人のヒーローからまるまる盗んじゃいけない。ヒーロー全員から盗むんだ。作家のウィルソン・ミズナーは、「１人の作家をコピーするのは盗作だが、何人もの作家をコピーするのは研究だ」と言っている。かつて、漫画家のゲイリー・パンターがこんなことを言ったのを覚えている。「君がたった１人の影響しか受けていなければ、君は第２の◯◯と呼ばれるだろう。だが、100人から盗んでしまえば、“君はオリジナルだ！”と言われるのだ」

　コピーする作品を見つけるのはもう少し厄介だ。単にスタイルを盗んじゃいけない。スタイルの奥にある“考え方”を盗もう。君にとって大事なのは、ヒーローのように見えることじゃなくて、ヒーローのように見ることだ。

　ヒーローのひととなりやスタイルをコピーする理由はただ１つ。心の内側をのぞきこめるかもしれないからだ。大切なのは、その人の世界観を自分の一部にすること。作品の本質を理解せずに、上っ面だけをまねていたら、君の作品はせいぜい贋作《がんさく》にしかならない。

ものまねを
超える

「私たちから取ってほしい。
まずは盗んでみてほしいんだ。
なぜなら、結局は盗みきれないからだ。
盗めるのは、私たちが与えたものだけだ。
君はそれを自分のスタイルに取り入れ、
自分のスタイルを見つけていく。
誰だって最初はそうだ。
そしていつか、
誰かが君から盗む日が来る」

フランシス・フォード・コッポラ
（アメリカの映画監督）

しばらくしたら、ヒーローをまねるだけではなく、超えなきゃならないときが来るだろう。まねはコピーにすぎない。超えるためには、まねをもう1歩進めて、自分の一部にしなくちゃいけない。

バスケットボールのスター選手、コービー・ブライアントは、「新しい動きなんてない」と言っている。彼は、コート上の動きはすべてヒーローたちの映像を観て盗んだものだと認めている。だが、ヒーローたちの動きを盗みはじめて、ブライアントは気づいた。そっくりそのまま盗むのはムリだと。体格は人それぞれ違うからだ。だから、彼は他人の動きに手を加えて、自分のものにしていった。

コメディアンのコナン・オブライエンはこんな話をしている。コメディアンは自分のヒーローたちをまねて、超えようとするが、どうしても手が届かない。そうしてたどり着くのが“自分”というものなのだと。ジョニー・カーソンはジャック・ベニーになろうとしたが、結局はジョニー・カーソンになった。デイヴィッド・レターマンはジョニー・カーソンをコピーしようとしたが、結局はデイヴィッド・レターマンになった。コナン・オブライエンはデイヴィッ

GOOD THEFT よい盗み方	VS.	BAD THEFT 悪い盗み方
HONOR 敬意を払う		DEGRADE 作品を汚す
STUDY 本質を学び取る		SKIM 表面をかすめ取る
STEAL FROM MANY 大勢から盗む		STEAL FROM ONE 1人から盗む
CREDIT 権利を守る		PLAGIARIZE 権利を侵す
TRANSFORM 作り替え		IMITATE ものまね
REMIX リミックス		RIP OFF パクリ

「僕の動きはどれも一流選手たちから
盗んだものばかりさ。僕は報いたいんだ
——動きを教えてくれた先人たちにね。
すべては試合のためさ。試合は
僕自身よりずっと大事なんだ」

コービー・ブライアント
（アメリカのバスケットボール選手）

ド・レターマンになろうとしたが、結局はコナン・オブライエンになった。オブライエンの言葉を借りれば、「理想の人になろうとして失敗する。それが人間を形作り、ユニークな存在にする」のだ。やれやれ。

人間には偉大な欠陥がある——完璧なコピーを作れないってことだ。ヒーローを完璧にはコピーできないからこそ、そこに僕たちは自分の居場所を見つける。そうやって、人間は成長していく。

だから、ヒーローをコピーしよう。そして、自分に足りない部分を見つけよう。自分にしかない個性とは？　その個性を何倍にも膨らませて、自分だけの作品へと変えよう。

最後に言いたい。単にヒーローのものまねをするだけでは、報いたことにはならない。彼らの世界観に、君にしか加えられない何かを加え、自分だけのものに変える——そうしてこそ、相手に報いることができるんだ。

③

WRITE THE BOOK
YOU WANT TO READ.

自分の読みたい本を書こう

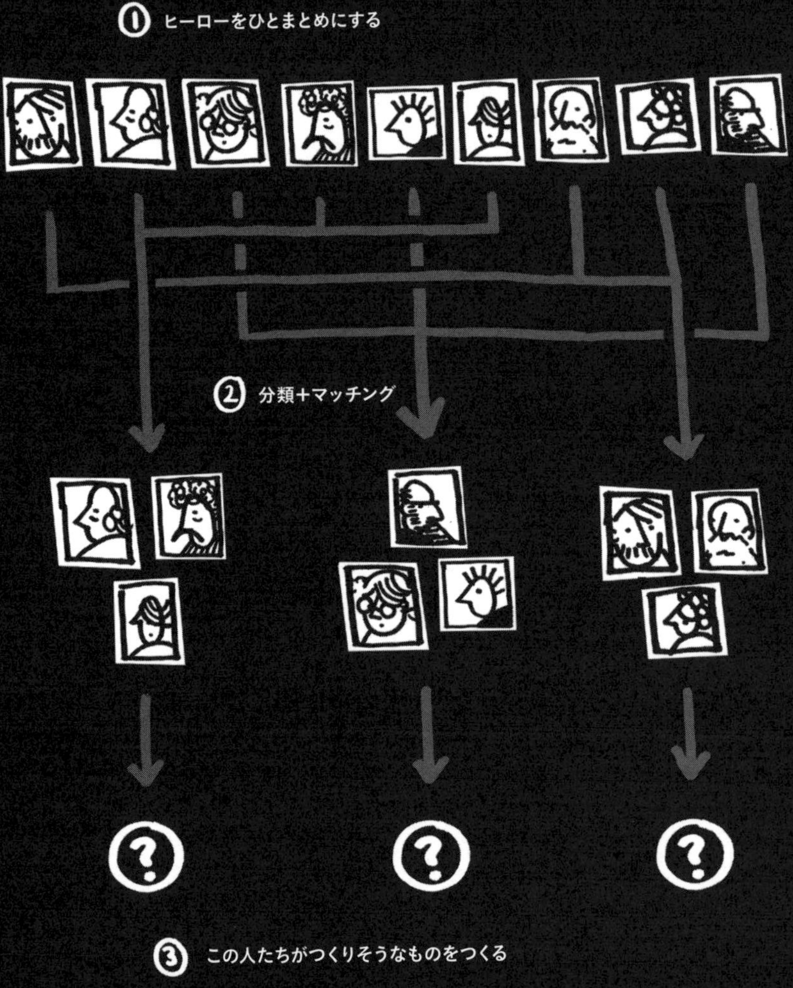
①ヒーローをひとまとめにする
②分類＋マッチング
③この人たちがつくりそうなものをつくる

~~知っていること~~
好きなことを書く

映画『ジュラシック・パーク』が公開されたのは、僕の10歳の誕生日だった。熱狂した。映画館を出た瞬間から、続きが見たくてたまらなくなった。次の日、僕は古いパソコンの前に座って、続編を書きはじめた。シナリオはこうだ。ヴェロキラプトルに食べられた恐竜監視員の息子が、パークを建設した男の孫娘とともに、島に戻る。１人は残ったパークを破壊しようとするが、もう１人は存続させようとする。もちろん、２人は恋に落ち、さまざまな冒険を繰り広げるってわけだ。

当時は知らなかったが、僕が書いていたのは「ファン・フィクション」って呼ばれるものだ。つまり、既存の登場人物をもとに作ったフィクションだ。

10歳の僕は、シナリオをハードディスクに保存した。数年後、待ちに待った『ジュラシック・パーク２』が公開された。最悪だった。続編ってのは、たいていみんなの期待を裏切る。

若い作家はあるとき必ずこんな疑問を持つ。自分は何を書けばいいのか？　「知っていることを書け」ってのがよくある答えだ。このアドバイスに従うと、たいていは面白いことが１つも起こらない、ひどいストーリーができあがる。

「私が作曲をしてきたのは、自分自身が
聴きたい未知の音楽を作るためだ。
私は音楽家という仕事がしたかったのではない。
私はただ、今までにはない音楽を
聴いてみたかったのだ。そのために、
私はこれまで存在しない新しいものを
連想させる音楽を作ってきた」

ブライアン・イーノ
（イギリスの音楽家）

僕たちがアートを作るのは、アートが好きだからだ。僕たちがある作品に惹かれるのは、その作者に刺激を受けるからだ。突きつめていえば、フィクションはどれも“ファン・フィクション”なんだ。

だから、いちばん大事なのは、知っていることじゃなくて、好きなことを書くことだ。自分のいちばん好きなストーリー、自分の読みたいストーリーを書こう。人生や仕事も同じ。筋書きに迷ったときは、こう自問すればいい。「どうすればもっといいストーリーになるか？」

アメリカのバンド「ディアハンター」のメンバー、ブラッドフォード・コックスがこんなことを言っている。彼が子どものころには、インターネットがなかった。だから、好きなバンドのニュー・アルバムを聴くには、正式な発売日まで待たなくちゃいけなかった。そこで、彼はこんな遊びを考えた。まず、自分の期待する音楽を想像しながら、ニュー・アルバムの“フェイク”版を制作する。そして、アルバムが発売されたら、自作の音楽と本物のアルバムの曲を比べるのだ。びっくりすることに、そうして作曲された音楽の多くが、ディアハンターの楽曲になったのだという。

僕たちは、ひとつの作品が好きになると、もっとほしくなる。続きが知りたくなる。その欲求を、創作のエネルギーに変えればいい。

君の大好きな作品や、それを作ったヒーローを思い浮かべてほしい。一味足りない部分は？　まだ作られていないものは？　どうすればもっとよくなる？　その人が今でも生きているとしたら、どんな作品を作るだろう？　君の好きなクリエイターたちを集めて、コラボさせたら、どんな作品が生まれるだろう？

君が作らなきゃいけないのは、その作品だ

ルールはたった１つ。自分の見たい絵を描く。経営したい会社をおこす。聴きたい音楽を演奏する。読みたい本を書く。使いたいモノを作る。一言でいえば、自分のしたい仕事をする、ってことさ。

ONE IDEA
TWO IDEAS
THREE IDEAS
FOUR IDEAS
FIVE IDEAS
SIX IDEAS
SEVEN IDEAS
EIGHT IDEAS
NINE IDEAS
TEN IDEAS
...
∞ IDEAS

4

USE YOUR HANDS.

手を使おう

「アイデアがどこからわいてくるかなんてわからないよ。パソコンからじゃないことは確かだけどね」

ジョン・クリーズ
（イギリスのコメディアン）

パソコンから離れる

僕の好きな漫画家、リンダ・バリーは言っている。「デジタル（Digital）時代に忘れちゃいけないのは、指（Digit）を使うことだ」と。手は１人１人が持っているデジタル・デバイスだ。使わない手はない。

僕もパソコンを愛用しているけれど、パソコンはモノづくりの感覚を奪う。ひたすらキーボードを打ち、マウスのボタンをクリックしている気分になる。“知的労働”に実感が伴わないのはそのせいだ。イギリスのバンド「レディオヘッド」のアルバムのアートワークをすべて手がけているアーティストのスタンリー・ドンウッドは、パソコンによそよそしさを感じると言っている。間にガラスが１枚はさまるからだ。「自分の仕事に決して触れられないんだ——プリントアウトしないかぎりね」とドンウッドは言う。

パソコンの前に座っている人を見てごらん。じっとして、ぴくりとも動かない。科学的な調査なんてしなくてもわかるように（ほとんどされていないけれど）、1日中パソコンの前にじっと座っていたら、頭がおかしくなる。仕事もおかしくなる。だから、動かなきゃだめだ。頭だけじゃなく、身体で何かを作っている感覚を得るために。

頭だけで作った作品なんて、ちっともよくない。一流のミュージシャンのショーを見てほしい。一流のリーダーのスピーチを見てほしい。その意味がわかるはずだ。

だから、身体を使って作品を作る方法を見つけることだ。人間の神経は一方通行じゃない。脳が身体に信号を送っているのと同じように、身体も脳に信号を送っている。英語には、「go through the motions（形だけでもやる）」というフレーズがある。創作について言えば、これは重要だ。ギターを弾く。会議テーブルのあちこちに付箋を貼る。粘土をこねる。まずは形だけでも身体を動かしてみれば、脳にエンジンがかかり、思考も冴えわたりはじめる。

ART THAT ONLY COMES FROM THE HEAD ISN'T ANY GOOD.

頭だけで作った作品なんて、ちっともよくない。

「私は、仄《ほの》かに光る、
平らで四角いパソコンの画面を
見つめることに、
もう十分すぎる時間を費やしてきた。
実世界で何かをすることに、
もっと時間をかけようではないか。
植物を植える、犬を散歩させる、
実物の本を読む、オペラを観にいく
――そんな物事に」

エドワード・タフティ
（アメリカの情報デザイナー）

大学時代、僕は文芸表現のワークショップに参加していた。そのワークショップでは、必ず決まったフォントで１行置きに文章を書かなくちゃいけなかった。そのせいか、ロクな作品が書けなかった。書くのが急につまらなくなった。詩人のケイ・ライアンはこう言っている。「文芸表現などという科目がなかった昔の時代は、ワークショップといえば、たいがい地下にあって、縫い物をしたり、ハンマーを打ったり、ドリルを使ったり、かんなをかけたりするような場所だった」。作家で大学教授のブライアン・カイトリーは、自身の担当するワークショップを、文字どおり“ワークショップ”風にしようとしている。つまり、道具や素材であふれかえる、明るくて風通しのよい部屋で、ほとんどの作業を実践形式で行うようにしているのだ。

その後、僕は仕事でまたアナログの道具を使うようになった。すると、創作が楽しくなり、作品の質も上がりはじめた。僕のデビュー作『Newspaper Blackout』では、なるべく手作業で仕事をしてみた。本の中で紹介している詩はみんな、新聞記事とマジックを使って作ったものだ。僕は五感のほとんどを使いながら作業した。新聞紙の手触り。単語が次々と塗りつぶされていく映像。マジックの「キュキュッ」という音。揮発したインクの匂い。そのとき、魔法が起こった。詩を作っているとき、僕はちっとも仕事をしている気がしなかった。遊んでいる気分だった。

パソコンはアイデアを編集するにはいい。アイデアを世に送り出す準備をするのにもいい。でも、アイデアを生み出すのには役立たない。削除《デリート》キーを押す機会が多すぎる。パソコンは僕たちを完璧主義者にする。アイデアが浮かぶ前から、アイデアを編集してしまうことになる。漫画家のトム・ゴールドは、漫画の構想がほぼ仕上がるまでは、パソコンの前に座らないようにしているという。「いったんパソコンの前に座ると、完成にしか向かう道はない。だが、スケッチブックの中なら、可能性は無限だ」と彼は言う。

『Newspaper Blackout』の作品の並びを決めるとき、僕は作品をひとつ残らずスキャンしてパソコンに取り込み、4つ切りの小さな紙に印刷した。そうしたら、紙を仕事場じゅうに並べて、いくつかの山に分け、最後に1つの山にした。そして、その順番でパソコンにコピーしていったんだ。手作業、パソコン、手作業、パソコン。アナログとデジタルのループ。こうして本が生まれた。

DIGITAL
デジタルスペース

ANALOG
アナログスペース

(MY OFFICE)

僕の仕事場

今、僕はどの仕事でもこの方法を使っている。僕の仕事場にはデスクが２台ある。１台がアナログ用で、もう１台がデジタル用。アナログ・デスクにあるのは、マーカー、ペン、鉛筆、紙、カード、新聞紙だけ。エレクトロニクス類は禁止だ。僕の作品の大半はここで生まれる。デスクには、仕事の痕跡、残りかす、残骸が散らばっている（ハードディスクとは違って、紙は消去されない）。デジタル・デスクには、パソコン、モニター、スキャナー、描画タブレットがある。作品の編集やDTPはここでやる。

君も試してごらん。オフィスがあるなら、作業スペースを２つに分けるんだ。１つはアナログ用で、もう１つはデジタル用。アナログ・スペースでは、エレクトロニクス類はいっさい禁止だ。1000円持って近所の店の文房具コーナーに行き、紙、ペン、付箋紙を見つくろってこよう。アナログ・スペースに戻ったら、さあ、図工の時間だ。紙に落書きをして、切り貼りしよう。作業中は座っちゃダメだ。紙を壁に貼って、パターンを探す。デスクに広げて、えり分けよう。

アイデアがまとまったら、デジタル・スペースへ移動して、パソコンで製作やDTPを行う。熱が冷めてきたら、アナログ・スペースへ戻って、遊びの続きだ。

5

SIDE PROJECTS AND HOBBIES ARE IMPORTANT.

本業以外も大切に

「ほかの仕事を後回しに
してやっている仕事
――それを一生の本業に
したほうがいい」

ジェシカ・ヒーシュ
(アメリカのイラストレーター)

“ぐずぐず”を
エネルギーに
変える

僕が少ない人生経験で学んだことが１つある。本当にうまくいくのは“副業”のほうだということだ。僕の言う“副業”というのは、今まで気ままにやっていると思っていたこと、単なる遊びでやっていると思っていたことだ。本当に大切なのはそっちだ。魔法が起こるのはそのときなんだ。

たくさんの仕事を同時進行させて、気ままに切り替えられるようにしておくといい。こっちの仕事に飽きたら、あっちの仕事へ。あっちに飽きたら、こっちへ。“ぐずぐず”をエネルギーに変えよう。

glance out the window

G O
outside

窓の外をながめて
表に出よう

stroll the streets

e a t
a
sandwich

街をぶらぶらして
サンドイッチを食べよう

ボーっとする時間を作ろう。あるとき、同僚がこんなことを言った。「忙しくなると、頭がおかしくなる」。そのとおりだ。創作をする人間には、何もせずボーっとする時間が必要だ。僕も、退屈なときに名案が浮かぶことがある。だから、僕はシャツをクリーニングに出さない。アイロンがけは大好きだ。退屈なときにかぎって、名案が浮かんでくるから。アイデアに詰まったら、皿洗いをしよう。遠くまで散歩をしよう。壁のシミをできるだけ長く見つめよう。アーティストのマリア・カルマンは言っている。「心をとぎすます唯一の方法は、仕事をしないことだ」と。

ぶらぶらと歩こう。道に迷おう。徘徊しよう。気づいたら、思ってもみなかった場所に、たどり着いているかもしれない。

自分を切り捨てない

情熱を傾けられることが2つや3つあるのなら、それを1つに絞ることはない。捨てちゃだめだ。楽しみはすべて人生に残しておこう。僕にそう教えてくれたのは、劇作家のスティーヴン・トムリンソンだ。

トムリンソンは、好きなことがたくさんあるなら、それぞれに時間を費やせばいいと言っている。「それぞれを相互作用させるんだ。すると、何かが起きはじめる」

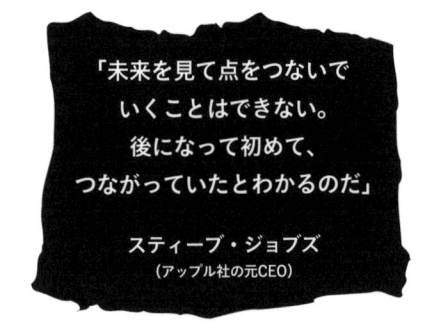

「未来を見て点をつないでいくことはできない。後になって初めて、つながっていたとわかるのだ」

スティーブ・ジョブズ
（アップル社の元CEO）

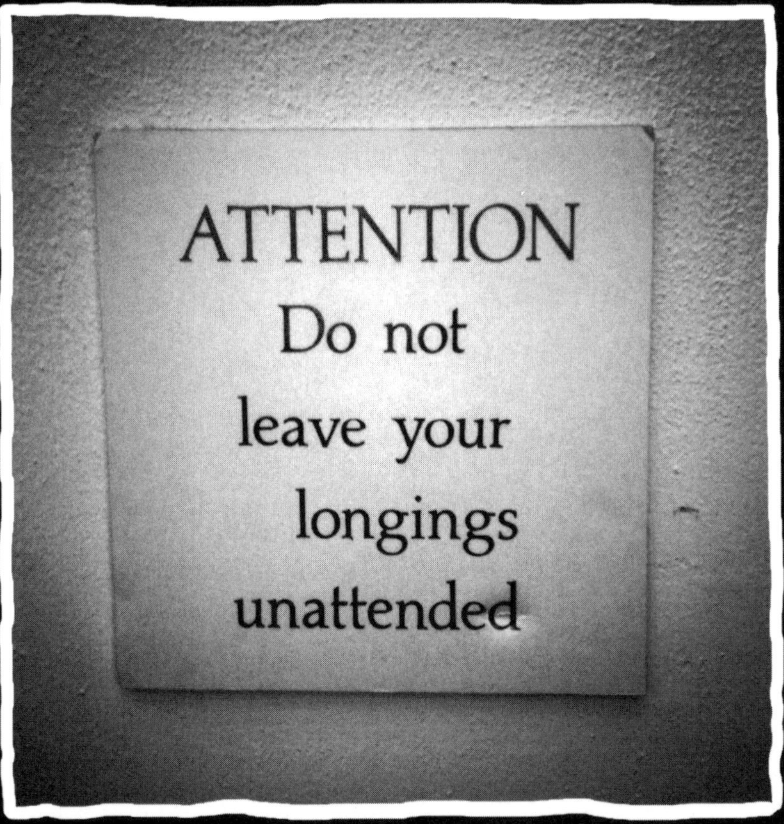
ATTENTION
Do not
leave your
longings
unattended

注意

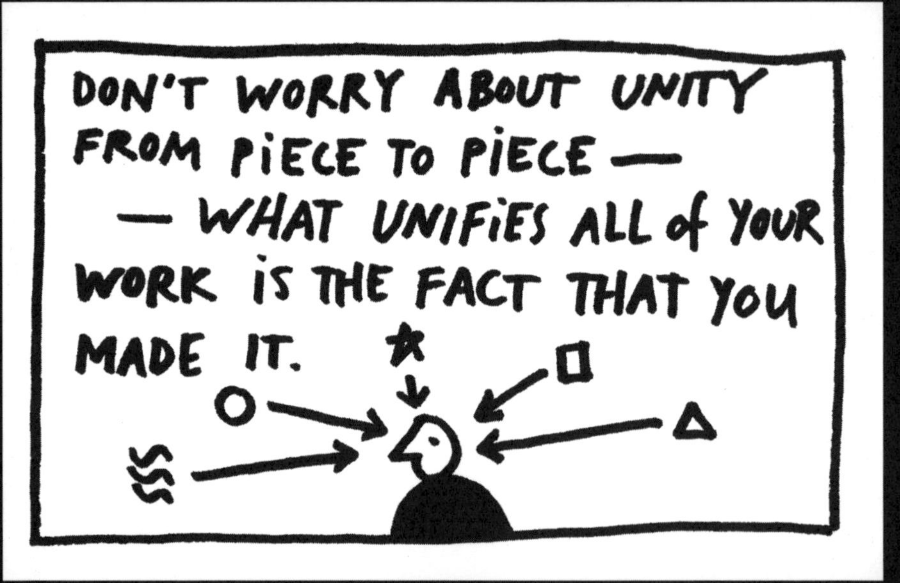
DON'T WORRY ABOUT UNITY FROM PIECE TO PIECE — — WHAT UNIFIES ALL of YOUR WORK IS THE FACT THAT YOU MADE IT.

作品の一貫性なんて気にしなくていい。
「君が作った」という事実が作品を結ぶのだから。

楽しみをいくつか切り捨てて、1つに絞ることはできる。でも、しばらくすると、切り落としたはずの手足がしくしくとうずきはじめる。

10代のころ、僕は作曲とバンド活動に病みつきになっていた。でも、文芸一本に絞ったほうがいいんじゃないかと思い立って、それから5年間はまったく楽器を弾かなかった。切り落としたはずの手足はどんどんうずきはじめた。

1年近く前、僕はまたバンドの演奏を始めた。ようやく、僕は五体満足な気分を取り戻した。驚いたことに、音楽は文芸活動の邪魔になるどころか、文章と相互作用し、磨きをかけていった。きっと、脳に新しいシナプスが生まれ、新しい回路ができたんだろう。僕の仕事相手の半数近くはミュージシャンだ（テキサス州オースティンではめずらしくない）。しかも、その全員が“クリエイター”というわけでもない。営業マンや開発者も多い。でも、みんなが口をそろえる。音楽は仕事のエネルギーになると。

趣味は大切だ。趣味は、自分だけのためのクリエイティブな活動だ。お金を稼ぐためでもなければ、有名になるためでもない。ただ楽しいからする。趣味から得るものはあっても、趣味で失うものは何もない。僕は世の中の人に見てもらうために作品を作っている。でも、音楽は僕と友人だけのものだ。僕たちは毎週日曜日に集まって、何時間か“騒音”を奏でる。プレッシャーはなし。計画もなし。力がみなぎる。教会のようなものだ。

自分を切り捨てちゃいけない。作品の全体像だとか、共通ビジョンだとか、そんなものは忘れよう。一貫性なんて気にしなくていい——「君が作った」という事実が作品を結ぶのだから。ある日、振り返ったら、すべてがつながって見えるはずだ。

RG 20

⑥

THE SECRET:
DO GOOD WORK AND SHARE IT WITH PEOPLE.

いいものつくって、みんなと共有《シェア》

WHAT YOU LOVE
君が好きなもの
WHAT LOVES YOU BACK
君のことを
好きなもの
IF YOU'RE LUCKY.
ラッキーな場合

はじめは無名がいい

若い人たちからこんなメールをよくもらう。「どうすれば自分を知ってもらえるんでしょうか？」

その気持ちはわかる。大学を出ると、人生はがらりと変わる。教室というのは、人工的だとはいえ、かけがえのない場所だ。教授はお金をもらって君の考えに耳を傾ける。クラスメイトはお金を払って君の考えに耳を傾ける。そんな“囚われの聴衆”に囲まれるチャンスなど、人生でもう二度とない。

それからすぐ、世の中が君の考えに耳を傾ける筋合いなんて、これっぽっちもないことに気づく。酷かもしれないが、それが現実だ。作家のスティーヴン・プレスフィールドはこう言っている。

「人は意地悪なわけでもなければ、非情なわけでもない。ただ、忙しいのだ」

でも、これは悪いことじゃない。本当にいい仕事ができるようになって初めて、注目してもらえるからだ。無名ならプレッシャーもない。やりたい放題だ。何だって試せる。楽しみのためだけに。無名なら、スキルアップの邪魔になるものなんてない。世間体を保つ必要もない。高額な給与を払うこともない。株主に気を遣うこともない。エージェントから催促のメールが届くこともない。つきまとわれる心配もない。

いったん注目を浴びれば、そしていったん給料を受け取ってしまえば、もう好きにはできない。

無名を存分に楽しもう。無名を力にしよう。

あたりまえ
の法則

有名になる秘訣なんてものがあるなら、喜んで教えたい。でも、僕が知っているのは、半ばあたりまえの法則だけだ――「いいものつくって、みんなと共有《シェア》」。

これには2つのステップがある。ステップ①「いいものをつくる」は、とんでもなく難しい。近道はなし。日々、何かを作るしかない。当然、最初はうまくいかない。失敗の連続。そのうち、突破口が見えてくる。ステップ②「みんなと共有」は、ほんの10年くらい前まではもっと難しかった。でも、今ではとても簡単だ。インターネットに公開すればいい。

こう言うと、決まって聞き返される。「インターネットをうまく使うコツは？」

STEP ONE:
WONDER AT
SOMETHING

STEP TWO:
INVITE OTHERS
TO WONDER
WITH YOU

ステップ①
フシギを見つける

ステップ②
フシギを共有する

ステップ①：フシギを見つける。ステップ②：みんなとフシギを共有する。誰もフシギと思っていなかったものに、フシギを見つけるんだ。みんながリンゴをフシギに思っているなら、君はオレンジにフシギを見つける。君の情熱をもっとオープンに共有すれば、人は君の作品に親近感を抱いてくれるだろう。アーティストはマジシャンじゃない。タネを明かしても損なんてないんだ。

僕は、ボブ・ロスやマーサ・スチュワートといった人たちから、ずいぶんとインスピレーションをもらっている。ボブ・ロスを覚えているかい？　テレビ番組『ボブの絵画教室』で有名なアフロヘアの画家だ。ボブ・ロスはみんなに絵の描き方を教えてくれた。つまり、タネを明かしたんだ。マーサ・スチュワートは、家や人生のコーディネート方法を教えている。彼女もタネを明かしている。タネを明かせば、人は好意を持ってくれる。うまくいけば、君の作品を買ってお返ししてくれることだってある。

仕事をオープンにして、みんなを招けば、相手から学べる。そう言う僕も、Newspaper BlackoutのWebサイトに詩を投稿してくれた人たちから、色々と学んでいる。たくさん盗ませてもらっている。ギブ&テイクってわけだ。

インターネットを使うのは、言いたいことがあるときだけじゃない。言いたいことを探すときにだって使えるんだ。インターネットは、完成したアイデアを発表するためだけの場じゃない。まだ形になっていないアイデアを形にする場所でもあるし、まだ生まれていない作品を生み出す場所でもある。

インターネットをやると作品を作る時間が減るんじゃないかと心配しているアーティストは多い。でも、僕は気づいたんだ。インターネットはお尻にムチを打つ効果があるんだってね。たいていのWebサイトやブログは、記事が新しい順に表示されるようになっている。最新の記事が、真っ先に訪問者の目に入るわけだ。だから、最近の記事が今の君ってことになる。そう考えると、いつも緊張感を保っていられる。次は何を書こうかと真剣に考えられる。入れ物があると、僕らはそこに何かを満たしたくなるんだ。だからこの数年、僕は道に迷ったら、自分のWebサイトを見てこう考えるようにしている。「この入れ物に何を満たせるだろう」って。

THE LIFE OF A PROJECT*

プロジェクトの一生

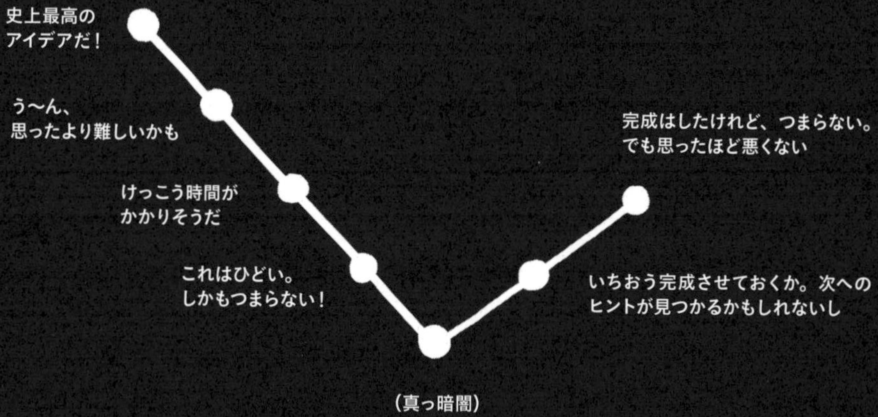
史上最高の
アイデアだ！
う〜ん、
思ったより難しいかも
けっこう時間が
かかりそうだ
これはひどい。
しかもつまらない！
（真っ暗闇）
いちおう完成させておくか。次への
ヒントが見つかるかもしれないし
完成はしたけれど、つまらない。
でも思ったほど悪くない

* STOLEN FROM MY FRIEND MAUREEN MCHUGH

友人のモーリーン・マッキューから拝借

SHARE YOUR DOTS,
BUT DON'T
CONNECT THEM.

点を共有しよう。でも結ぶのはやめておこう。

Webサイトの作り方を学ぼう。ブログ、Twitter、ソーシャル・メディアを始めよう。君と同じ興味を持つ人をオンラインで見つけて、つながろう。そして、共有しよう。

何もかも共有する必要はない。いや、むしろしないほうがいいものもある。作品のほんの一部だけを見せるんだ。スケッチとか、落書きとか、断片だけを。君の仕事をちょっとだけ共有する。何を共有すれば、相手の役に立つかを考えてみよう。仕事中に見つけた裏ワザでもいい。面白い記事へのリンクでもいい。読んでいる本の内容でもいい。

タネを明かすのが不安なら、“点”だけを共有すればいい。でも、点を結んじゃいけない。公開ボタンを押すのは君の指だ。何を共有するのか、どれくらい明かすのかは、君が決めることだ。

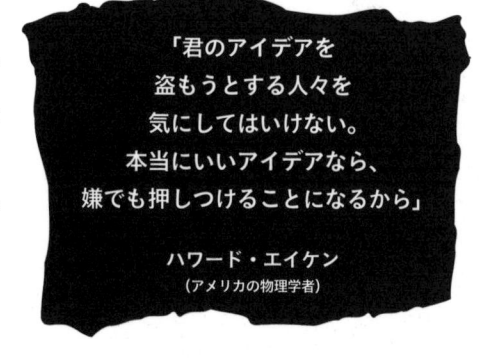

「君のアイデアを
盗もうとする人々を
気にしてはいけない。
本当にいいアイデアなら、
嫌でも押しつけることになるから」

ハワード・エイケン
（アメリカの物理学者）

7

GEOGRAPHY
IS NO LONGER
OUR MASTER.

場所にこだわらない

自分の世界をつくる

僕が育ったのは、オハイオ州南部のトウモロコシ畑のど真ん中だ。子どものころの夢はたった１つ。とにかく何かが起きている場所に行くことだった。

今、僕はテキサス州オースティンに住んでいる。とにかくおしゃれな街だ。アーティストやクリエイターがそこらじゅうにいる。でも実は、僕の師や仲間の10人に９人はオースティンには住んでいない。バラバラだ。インターネットで知り合ったからだ。

つまり、僕がアイデアを膨らませたり、会話をしたり、アート仲間と交流したりするのは、ほとんどオンラインってわけだ。アートの現場になんて行かなくても、僕にはTwitter仲間がいるし、

Googleリーダーがある。

今の場所を離れなくても、君が加わりたいと思っている世界とつながり合うことはできるんだ。人にはそれぞれ事情がある。若すぎる。歳を取りすぎている。お金がない。今の住まいから身動きが取れない。でも、元気を出して。君を待つ人たちのコミュニティは、すぐそこにある。

君のいる世界がどうしても好きになれないなら、自分のまわりに世界を作ればいい（さあ、ヘッドホンを着けて、ビーチ・ボーイズの『イン・マイ・ルーム』でも聴こう）。君の好きな本やモノで周囲を埋め尽くそう。壁にポスターを貼ろう。自分の世界を作ろう。

フランツ・カフカはこう記している。「家を離れる必要はない。机に座って、耳をすまそう。いや、耳をすまさなくても、ただ待っていればいい。いや、待っていなくても、独りでじっとしていればいい。世界は自分から姿を現すだろう」。そのカフカは、インターネットが誕生する100年も前に生まれたんだ。

ENJOY CAPTIVITY.

束縛を楽しむ

必要なのは、ほんの少しの空間と、ほんの少しの時間だ。仕事をするための場所と、仕事をするための少しの時間。自分に課すほんの少しの孤独と、一時的な束縛。家の中でそれがムリなら、外で孤独と束縛を見つけることだってできる。子どものころ、母がよくショッピング・モールに連れていってくれた。買い物をする前、母は僕を本屋に連れていき、好きな本を買ってくれた。母が店で買い物をしている間、僕は椅子に座って、買ってもらった本を読む。それが何年も続いた。どれだけ本を読んだかわからない。

今、僕には車とケータイがある。いつでも人とつながっているし、孤独も束縛もない。だから、僕は通勤にバスを使っている。本当は車を運転して行くほうが20分も早いけれど。髪を切るときには、無線LANの使えない床屋に予約なしで行く。たいていは混雑していて、何時間か待たされる。空港ではノートパソコンを絶対に開かないし、図書館でもよく時間をつぶす。

僕は本、ペン、ノートをいつも持ち歩いている。孤独と一時的な束縛を楽しむためにね。

家を出る

「距離と変化こそが、
創造力の密かな栄養素だ。
家に帰ると、そこは何も
変わっていない。
だが、私たちの心の中の
何かが変わっている。そして、
それが何もかも変えるのだ」

ジョナ・レーラー
（アメリカの作家）

「場所にこだわるな」とはいっても、場所なんてどうでもいいというわけじゃない。住む場所が仕事に大きな影響を及ぼすのは確かだ。

家を出られるときが来たら、出たほうがいい。いつだって戻ってこられるけれど、一度は出てみよう。

ずっと同じ環境にいると、脳が慣れきってしまう。だから、脳の慣れを断ち切らなくちゃいけない。しばらく別の土地に行って、まったく違う仕事をしている人と過ごしてみよう。旅は世界観を変える。世界が新しく見えると、脳が活発に動きはじめる。

ラッキーなことに、僕は19～20歳をイタリアとイギリスで過ごした。その経験が僕の人生を変えた。でも、異文化ってのは、何も海外や外国だけにあるわけじゃない。僕と同じオハイオ州で育った人間にとっては、テキサス州は火星みたいなものだ（僕はもうずいぶん住んでいるけれど、今でも火星に感じるときがある）。

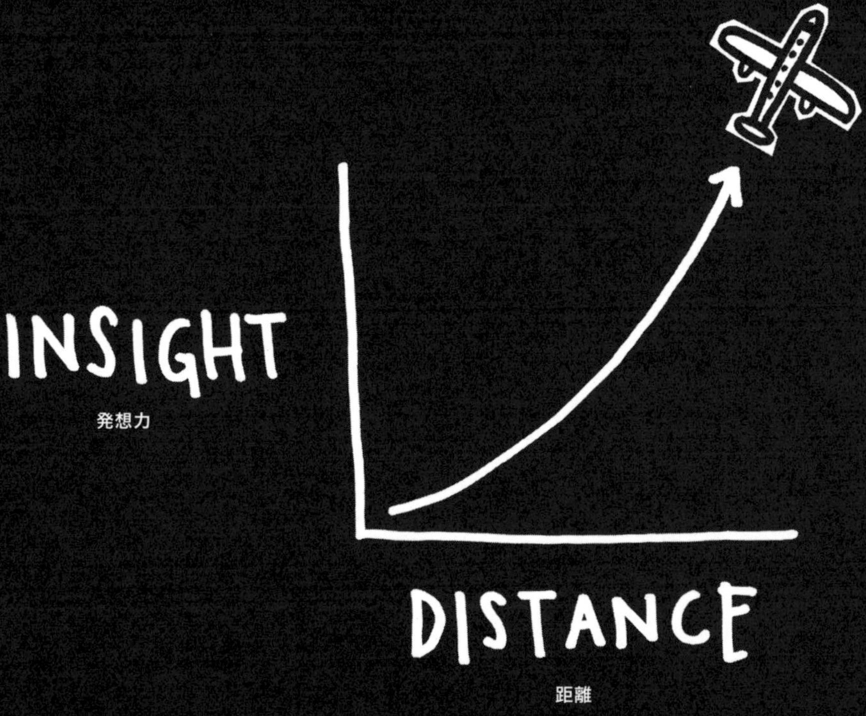
INSIGHT
発想力
DISTANCE
距離

家を出るといっても、どこへ行けばいい？　どこに住めばいいだろう？　考えなきゃならない要素はたくさんあるけれど、すべては君の好み次第だ。僕の場合は、天気が悪いほうがいい作品が生まれる気がする。外に出かけるのがおっくうになって、家に閉じこもることになるからね。オハイオ州クリーブランドに住んでいたときは、厳しい冬の間にずいぶんと仕事がはかどった。でもテキサス《ここ》に来てからは、蒸し暑い夏場に仕事をこなしている（クリーブランドの冬とテキサスの夏はほとんど長さが同じで、１年の半分を占める）。

個性的な人たちと過ごすのも手だ。同じ職業じゃなくてもかまわない。僕は、作家やアーティストばかりとつるんでいると、偏ってくる気がするんだ。だから、オースティンに住む映画監督、ミュージシャン、テクノロジー・マニアとも仲よくしている。おっと、それから食事も大事だ。食べ物は美味しくないとね。発想がわき、仲間がいて、心がうるおい、いい文章がかける——そんな店を見つけよう。

新しい家が見つかっても、ときどきは家を離れよう。そしていつか、家を出なきゃならないときが来るだろう。でも、ご心配なく。
仲間はいつもの場所にいる――インターネットの中に。

⑧

BE NICE.
(THE WORLD IS
A SMALL TOWN.)

他人《ひと》には親切に（世界は小さな町だ）

いつでも友達になります

友をつくって
敵は無視

僕がここにいる理由はたった１つ。
友達を作るため。

この言葉は、高度につながり合った現代社会では、いっそう価値を増す。覚えておかなきゃならない大事な教訓が１つある。インターネット上で誰かの話をすれば、本人にわかってしまうということだ。誰だって自分の名前でGoogleアラート［訳注：自分の名前がブログなどで紹介されたとき、通知が届く］を設定している。じゃあ、インターネット上で敵を打ち負かすいちばんの策は？　無視することだ。ネットで友達を作るいちばんの策は？　褒めることだ。

「確かな法則が
１つだけある。
人には親切にせよ、
ということだ」

カート・ヴォネガット
（アメリカの小説家）

天才の隣に立つ

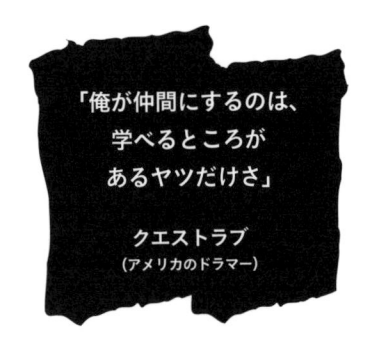

「俺が仲間にするのは、
学べるところが
あるヤツだけさ」

クエストラブ
（アメリカのドラマー）

「ゴミからはゴミしかつくれない」という言葉を覚えているだろうか？　君の限界は、君のまわりにいる人間によって決まる。デジタルの世界で言い換えれば、オンラインでいちばん優秀な人々についていこう、ってことだ。君よりずっと頭がよくて、優秀で、面白い

YOU WILL NEED:

必要なもの

- ☐ CURIOSITY
  好奇心
- ☐ KINDNESS
  親切さ
- ☐ STAMINA
  体力
- ☐ A WILLINGNESS TO LOOK STUPID
  おどける余裕

仕事をしている人を見つけて、どんな話をしているのか、何をしているのか、誰とつながっているのかを観察しよう。

映画『ゴーストバスターズ』のイゴン役を演じたことで有名な、俳優・映画監督のハロルド・ライミスはかつて、こんな成功法則を紹介している。「部屋の中でいちばん才能ある人間を見つける。それが自分以外なら、そいつの隣に行き、一緒に行動して、手を貸そうとしてみるといい」。ライミスはラッキーだった。部屋の中でいちばん才能ある人間が、俳優のビル・マーレイだったんだから。

部屋の中でいちばん才能ある人間が自分だったら？　別の部屋を探せばいい。

「ケンカしてるヒマがあるなら、何か作りなさい」

世の中には納得のいかないことが山ほどある。すると、それを正したいと思うようになってくる。あるとき、僕がパソコンに夢中になって夜更かしをしていると、妻がこう叫んだ。「Twitterでケンカしてるヒマがあるなら、何か作りなさい！」

そのとおりだ。でも、怒りは僕の創造力の源でもある。ヘンリー・ロリンズはかつて、「僕は怒っていると同時に興味も持っている。それが僕の原動力になっている」と語ったことがある。僕も、なかなか起きられない朝には、ベッドの中でメールやTwitterを読むことがある。そうしているうちに、血がふつふつと煮えたぎって

怒りにご注意

きて、ベッドから飛び起きられるんだ。でも、人に不平不満をぶちまけて怒りを解消するかわりに、僕は怒りのパワーを文章や絵に向けるようにしている。

だから、遠慮なく怒るといい。でも、口にはチャックをしたまま、仕事に向かおう。

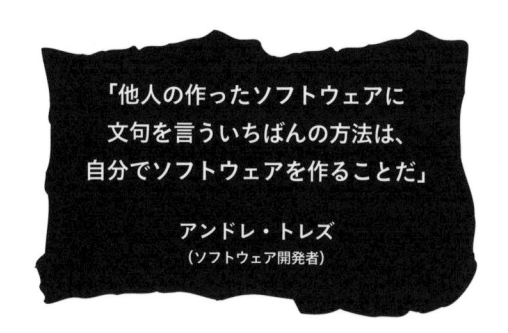

「他人の作ったソフトウェアに
文句を言ういちばんの方法は、
自分でソフトウェアを作ることだ」

アンドレ・トレズ
（ソフトウェア開発者）

ファンレターを書く

子どものころ、僕はたくさんファン・レターを書いた。そして、運よく何回か返事をもらった。でも、ファン・レターの難しいところは、相手に返信のプレッシャーを与えてしまうことだ。ファン・レターを書くときにありがちなのは、承認や確認を求めてしまうことだ。僕の友人のヒュー・マクラウドはこう言っている。「認められるいちばんの方法は、自分から求めないことだ」

純粋にその人の作品が好きなら、返信なんていらないはずだ（手紙の相手が100年前に亡くなっているなら、望みはゼロだけれど）。だから、僕がオススメするのは、“公開ファン・レター”だ。インターネットはそれに打ってつけの道具だ。君の大好きな人の作品についてブログ記事を書いて、サイトへのリンクを貼ろう。何かを作って、君のヒーローに捧げよう。相手の抱える疑問に答えたり、問題を解決したり、作品を改良してオンラインで共有したりするのもいい。

相手が君の作品を見てくれるかどうかはわからない。返信が来るかもしれないし、来ないかもしれない。大切なのは、見返りなんて期待せずに、相手に賞賛を示し、そこから新しい作品を作ることだ。

お手伝いします

評価を求めない

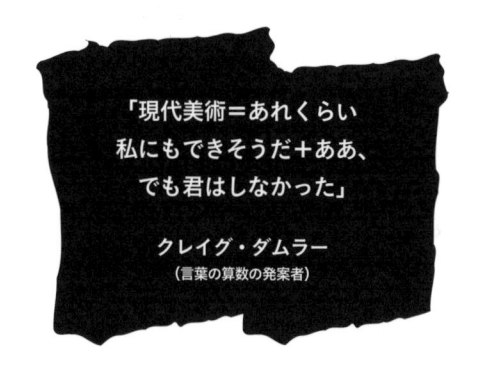

「現代美術＝あれくらい
私にもできそうだ＋ああ、
でも君はしなかった」

クレイグ・ダムラー
（言葉の算数の発案者）

創作の厄介なところは、作品の価値が世の中に認められるころには、君はすっかりその仕事に飽きているか、もう死んでいるということだ。まわりに評価を求めちゃいけない。作品を世に送り出したら、人々がどんな反応をするかは、君にはどうしようもないことなんだ。

不思議なことに、すばらしい作品ほどいとも簡単に見えることが多い。「なんでこんなこと、思いつかなかったんだろう」と人は言う。そこにたどり着くまでの、数年分の苦労や汗が見えていないんだ。

みんなが理解してくれるとはかぎらない。君自身や作品が誤解されることもある。悪口さえ言われるかも。だから、誤解されること、非難されること、無視されることに慣れなくちゃダメだ。そんなことにかまっているヒマなんてないくらいに、仕事をするしかない。

“褒められ帳”をつける

人生は孤独だ。気を落とすこともあるし、拒絶されることもある。評価を求めちゃいけないとはいっても、仕事を褒められるのは、大きなエネルギーになる。

たまに、僕の作品がオンラインで話題になることがある。すると、それから１～２週間、作品を見てくれた人たちから、うれしいTweetやメールがどんどん押し寄せてくる。いい気分だ。舞い上がってしまう。思わずハイになる。でも、ハイな気分は必ず薄れていく。そして、数週間もすれば、暗い日々が待っている。辞めたい。なんでこんなことで悩まなきゃいけないんだろう、って。

だから、僕はうれしいメールを受け取ったら、特別なフォルダ

傷を引きずらないで

ーに保存している（質《たち》の悪いメールはすぐ削除するけれど）。暗い日々が何日も何日も続いて、励ましがほしくなったら、僕はそのフォルダーを開いて、何通かメールを読むんだ。それから仕事に戻る。やってみてほしい。イヤなメールはさっさと捨てて、“褒められ帳”をつけよう。そして、いざというときに引っぱり出す。過去の栄光に浸るのはよくない。でも、モチベーション・アップが必要なときのために、取っておこう。

9

BE BORING.
(IT'S THE ONLY WAY TO GET WORK DONE.)

平凡に生きよう（仕事がはかどる唯一の道だ）

「規則正しく、秩序のある
生活を送ろう——作品の中で
凶暴性と独創性を
発揮できるように」

ギュスターヴ・フロベール
（フランスの小説家）

自分自身を
いたわる

僕はつまらない男だ。9時5時の仕事をし、閑静な町で妻と犬と一緒に暮らしている。ドラッグをやり、派手に遊び回り、誰とでも寝る——そんな天才芸術家のロマンあふれるイメージは、妄想にすぎない。そんなことができるのは、スーパーマンか、命知らずな人間だけだ。なぜか？　創作にはエネルギーがいるからだ。ほかのことにパワーを無駄遣いしていたら、エネルギーがもたないんだ。

人生はしばらく続くと思ったほうがいい（だから、パティ・スミスは若きアーティストに「歯医者へ行け」と勧めている）。朝食をとろう。腕立てをしよう。長い散歩をしよう。睡眠をたっぷり取ろう。

ミュージシャンのニール・ヤングは、「サビつくなら燃え尽きたほうがいい」と歌っている。でも僕は、ゆっくりと燃えるほうがいいと思う——孫の顔を見るためにもね。

借金はしない

僕のほとんどの知り合いは、お金のことなんて考えたくないと言う。でも、これだけは言っておきたい。なるべく早く、お金について学んだほうがいい。

僕の祖父は、父に口癖のように言っていた。「大事なのは、どれだけ稼ぐかじゃない。どれだけ残すかだ」と。予算を立てよう。予算内で生活しよう。お弁当を持っていこう。支出を切り詰めよう。できるだけ貯金しよう。なるべくお金をかけずに学習しよう。お金を貯めるのに必要なのは、消費文化にノーと言う勇気だ。外食にノー。400円のコーヒーにノー。古いパソコンが問題なく動くなら、新品のパソコンにもノーを言おう。

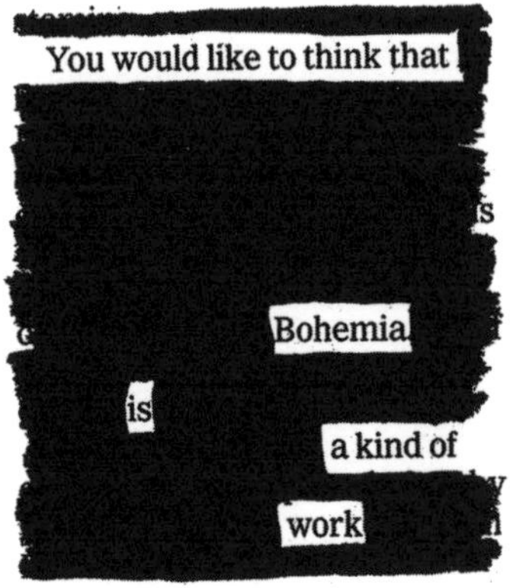
You would like to think that
Bohemia
is
a kind of
work

know
money

自由な生き方を仕事と考えたいのだろうが
お金について学び

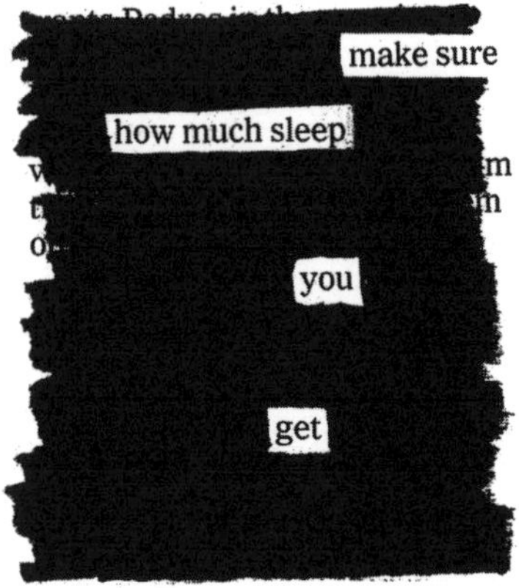
make sure
how much sleep
you
get

put the
time
in

睡眠時間を把握して
時間を捧げよう

定職をもつ

幸運にも、大好きなことをして生計を立てられるとしても、その段階にたどり着くまでには、しばらく時間がかかるだろう。それまでは定職がいる。

定職は、生活の糧、社会とのつながり、そして習慣を与えてくれる。お金のストレスから自由になれば、思う存分にアートに打ち込める。写真家のビル・カニンガムはこう言っている。「お金を受け取らなければ、何をしろと指図されることもない」

定職があると、もう１人の人間になれる。その人間から学び、その人間から盗もう。僕も、将来の仕事に役立ちそうな仕事を進んでしてきた。図書館の仕事で調査のしかたを学んだし、Webデザインの仕事でWebサイトの作り方を学んだ。コピーライティングの仕事では、言葉でモノを売るすべを学んだ。

定職のいちばんのデメリットは、時間を奪われることだ。でもそのかわりに日課ができる。そして、創作にあてる時間をきちんと計画することができる。日課を立て、守るっていうのは、時間があまっているよりもずっと大事だ。惰性は創造力を殺す。だから、習慣を守らなきゃいけない。いったん習慣が途切れると、仕事がおっくうになりはじめる。調子が戻るのにしばらく時間がかかるとわかっているからだ――再びリズムに乗るまでは。

解決方法は超シンプルだ。1日の中で捻出できる時間、盗み出せる時間を考え、決めた習慣を守ることだ。何でもいいから、毎日仕事をしよう。休暇も病欠も禁止だ。ストップしちゃいけない。そうしているうちに、「パーキンソンの法則」の正しさがわかってくるはずだ。「仕事は、与えられた時間の中で行われる」

はっきり言って楽しくはない。二重生活を送っているような気分になることも多い。でも、詩人のフィリップ・ラーキンがこんなことを言っている。「仕事に対して二重人格になるべきだ。それは、一方の人格をもう一方の人格からの隠れ場所として使うためだ」

大切なのは、ある程度の給料がもらえて、気分が悪くならず、ヒマな時間に創作に打ちこむ体力が残るような定職を見つけることだ。理想的な定職ってのは、なかなか見つからない。でも、きっとどこかにあるはずだ。

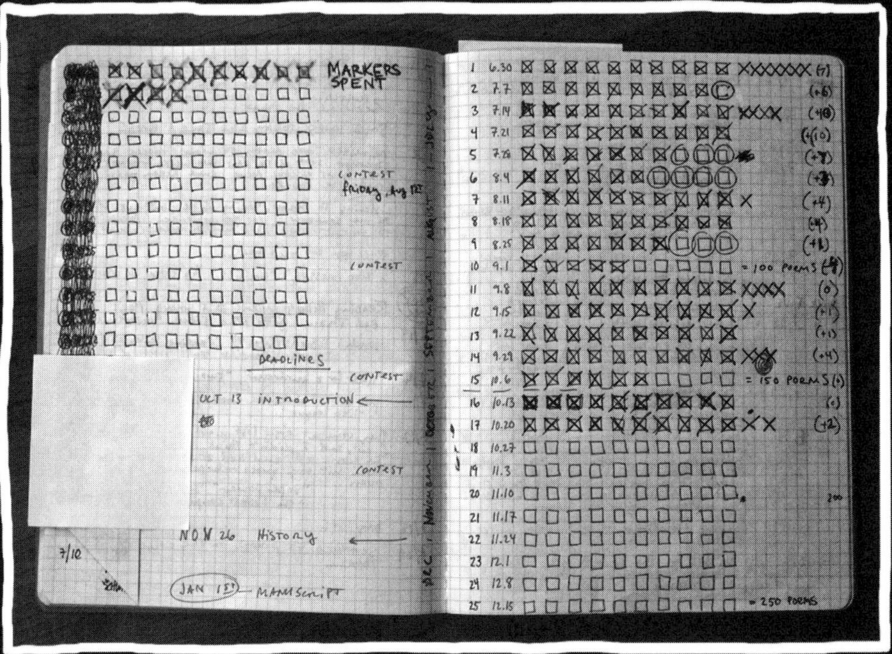

THE CALENDAR I USED FOR MY FIRST BOOK

僕がデビュー作の制作に使ったカレンダー

カレンダーを買ってくる

作品の制作やキャリアの構築には、小さな努力をコツコツと積み重ねることが必要だ。「１日１ページ」というとたいしたことには思えないけれど、それを365日続ければ、立派な小説になる。１回クライアントの説得に成功しただけでは、ちょっとした勝利にすぎないけれど、それを何十回と続ければ、昇進が待っているだろう。

カレンダーは、仕事を計画し、具体的な目標を立て、作業を進行させるのに打ってつけの道具だ。コメディアンのジェリー・サインフェルドは、カレンダーを使って、毎日ジョークを考えるという習慣を守っている。その方法とはこうだ。まず、１年分の日付がまるまる掲載された大きな壁掛けカレンダーを買ってくる。そうしたら、仕事を１日ずつのかたまりに分ける。毎日、仕事を終えたら、その日のボックスに大きな×印をつける。１日の目標は、仕事を終わらせることじゃなく、ボックスに×印を埋めることだ。「何日かすると、×印の鎖ができあがる。それを続けると、鎖は日に日に長くなっていく。何週間も続けるうちに、鎖を見るのが楽しみになってくる。すると、その鎖を切らさないようにすることが、次の仕事になるんだ」とサインフェルドは話す。

カレンダーを買おう。ボックスを埋めよう。
鎖が途切れないようにしよう。

ログブックをつける

未来の出来事のチャートが必要なのと同じように、過去の出来事のチャートも必要だ。ログブックといっても、日記や日誌じゃなくてもいい。日々の行動を書き込む、ちょっとしたノートでいいんだ。どんな仕事をしたのか。どこで昼食を食べたのか。どんな映画を観たのか。それだけでいい。細かい日記をつけるよりずっとラクだ。それを何年も続けていると、こんな日常の記録だけでも、ずいぶんと役に立つのがわかる。ちょっとしたメモから、そのときの記憶がありありとよみがえってくるからだ。

昔、船員たちは航行距離を記録するために航海日誌をつけていた。それとまったく同じだ。君の船がどれくらい航海してきたかを記録するんだ。

「“今日のいちばんよい出来事は？”と考えれば、
いやでも楽しい出来事を振り返らざるをえない。
つまり、普段なら考えもしないような最近の
出来事を思い出して書くことになる。
しかし、“今日起こった出来事は？”と考えれば、
思い出すのはたいてい最悪な出来事だ。
どこかに遅れそうになったとか、
誰かにイヤなことを言われたとか、
そんなことを思い出して、心の整理をつけるのだ。
だが、“いちばんよい出来事は？”と考えると、
差し込む光だとか、
誰かのとびきりの表情だとか、
絶品のサラダだとか、
そういうものを思い出すのだ」

ニコルソン・ベイカー
（アメリカの小説家）

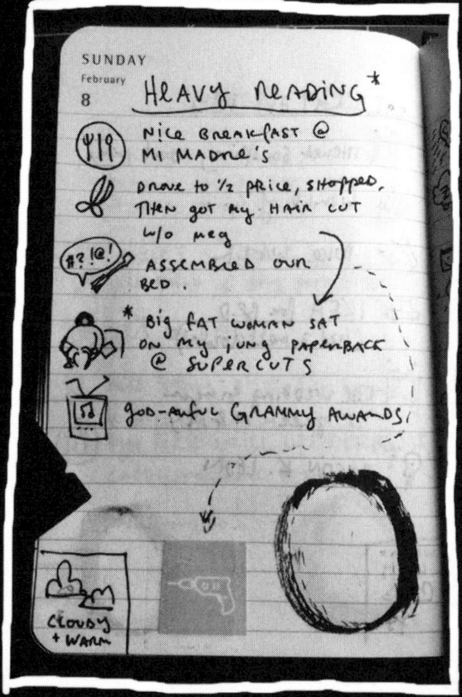

PAGES FROM MY LOGBOOK

僕のログブック

「彼女が俺を救ってくれた。
彼女がいなけりゃ、俺は今ごろ
ステーキ・ハウスで演奏していた
かもしれない。いや、演奏どころか
調理していたかもしれないな」

トム・ウェイツ
（アメリカのミュージシャン。妻で仕事仲間の
キャスリーン・ブレナンについての談話）

いい相手と結ばれる

結ばれる相手を選ぶのは、人生最大の決断だ。“いい相手と結ばれる”といっても、人生のパートナーだけじゃない。ビジネスのパートナー、友人、つき合う相手も大事だ。人間関係ってのは、それだけでも難しいものだけれど、創作に没頭している人と結ばれるわけだから、よっぽどの理解者を見つけなきゃいけない。秘書であり、コックであり、刺激的な話し相手であり、親であり、編集者でもある——そんな人を見つけなきゃいけないんだ。

ずっと家にいたいと思わせてくれるのは、いいパートナーの証《あかし》だ。以前、僕の友人が「家の中にアーティストがいるってのは、刺激的だろうね」と言った。すると横にいた僕の妻が冗談で、「そうよ。ダ・ヴィンチと暮らしているみたいなものだもの」と言った。彼女は最高だ。

10

CREATIVITY IS SUBTRACTION.

創造力は引き算だ

GETTY IMAGES

d, Tara
veral for-
ioved on.

could
ioned

Olympics. Sure, it could be biased, but at least it was explicable bias.

[redacted]

Creativity is

[redacted]

subtraction.

[redacted]

創造力は引き算だ

[redacted]

his idiosyncrasies to warm our hearts. Remember the costume he described as "a Care Bear on acid"? One can only hope he will

it."

His m
to hear
sponse:
age one
regret
here fe
You've
chance t
al a reali

That's
kick Joh
He retu
harder t
to disap
light.

Now
Olympic
gram he
gram is
who fini
all are
Olympic

捨てるものを決める

情報過多な現代社会で成功するのは、どんな人だろうか？　それは、何を捨てるかを見極め、自分にとって本当に大事なものだけに集中できる人だろう。人は可能性が無限にあると、身動きが取れなくなる。何をしてもいいと言われると、足がすくんでしまうんだ。

創造力のスランプを乗り越える簡単な方法がある――自分に制約を課すことだ。矛盾して聞こえるかもしれない。でも、創作では、制約は自由でもある。昼休み中に歌を１曲作る。１色だけで絵を描く。開業資金なしで会社を始める。iPhoneと数人の仲間だけで映画を撮る。余った部品だけで機械を作る。サボる言い訳をしちゃダメだ。今ある時間、スペース、材料だけで、何かを作ってみよう。今すぐに。

適度な制約は、時として最高の仕事につながる。こんな例がある。絵本作家のドクター・スースは、236単語だけで『キャット・イン・ザ・ハット』を書いた。そこで編集者は、50単語だけで本が書けるか、彼と賭けをした。ドクター・スースは『Green Eggs and Ham』を書き上げ、賭けに勝った。この本は、児童書として空前のベストセラーになった。

「時間を自由自在に使え、
世界のあらゆる富を手に入れ、
パレットにすべての色があり、
ほしいものが何でも手に入るとしたら、
創造力はなくなるだろう」

ジャック・ホワイト
（アメリカのミュージシャン）

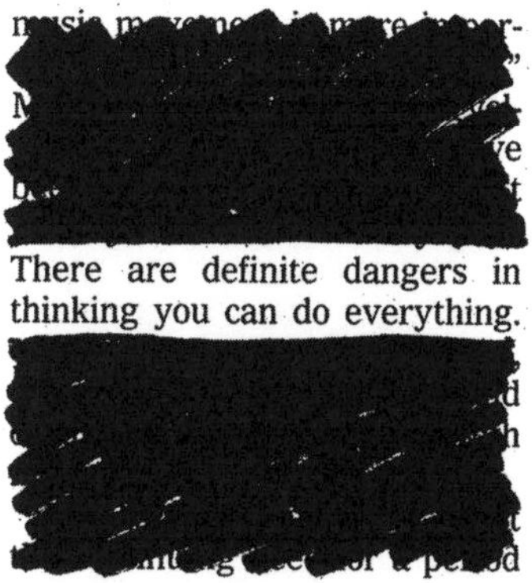
There are definite dangers in thinking you can do everything.

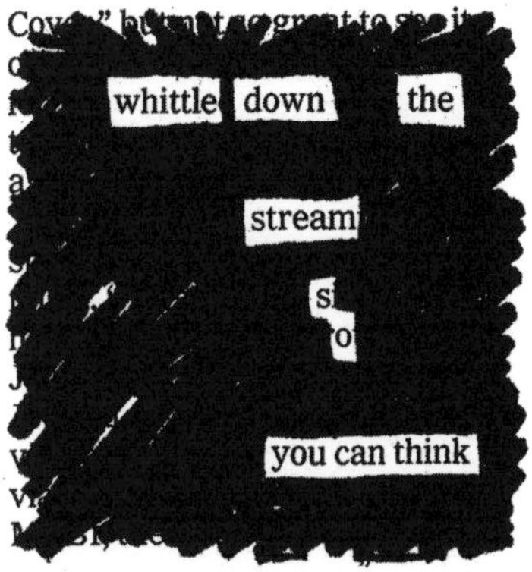
whittle down the
stream
you can think

do
with
less

start
now

何でもできると考えるのは危険
小で大を兼ねよう

考えやすいよう細切れにして
今すぐ始めよう

アーティストのソール・スタインバーグはこう言っている。「人はアートを見て何に反応するのか——それはアーティストと制約との格闘だ」。アーティストが捨てたものによって、作品が面白くなることも多い。見えないものと見えるものの対比だ。人間だって同じだろう。経験したことだけじゃなく、経験しなかったことが人間を個性的にすることもある。仕事にも同じことがいえる。制約を受け入れて、前に進むしかないんだ。

結局のところ、創造力というのは、何を創るかだけじゃない。何を捨てるかでもあるのだ。

賢く選ぼう。

そして楽しもう。

WHAT NOW?

さあ、何をしよう？

□ TAKE A WALK 散歩する

□ START YOUR SWIPE FILE ネタ帳をつける

□ GO TO THE LIBRARY 図書館に行く

□ BUY A NOTEBOOK AND USE IT ノートを買って使う

□ GET YOURSELF A CALENDAR カレンダーを買う

□ START YOUR LOGBOOK ログブックをつける

□ GIVE A COPY OF THIS BOOK AWAY この本を配る

□ START A BLOG ブログを始める

□ TAKE A NAP 昼寝する

RECOMMENDED READING

オススメの本

- LYNDA BARRY, WHAT IT IS
- HUGH MACLEOD, IGNORE EVERYBODY
  ヒュー・マクラウド
  『オリジナルワンな生き方』
  （ディスカヴァー・トゥエンティワン）
- JASON FRIED + DAVID HEINEMEIER HANSSON, REWORK
  ジェイソン・フリードほか
  『小さなチーム、大きな仕事』
  （早川書房）
- LEWIS HYDE, THE GIFT
  ルイス・ハイド
  『ギフト』
  （法政大学出版局）
- JONATHAN LETHEM, THE ECSTASY OF INFLUENCE
- DAVID SHIELDS, REALITY HUNGER
- SCOTT MCCLOUD, UNDERSTANDING COMICS
  スコット・マクラウド
  『マンガ学』
  （美術出版社）
- ANNE LAMOTT, BIRD BY BIRD
- MIHALY CSIKSZENTMIHALYI, FLOW
  ミハイ・チクセントミハイ
  『フロー体験』
  （世界思想社）
- ED EMBERLEY, MAKE A WORLD
  エド・エンバリー
  『なんでもかけちゃうよ』
  （偕成社）

Y.M.M.V.

(your MILEAGE MAY VARY!)

ご利用は計画的に！

SOME ADVICE CAN BE A VICE.

裏目に出るアドバイスもある。

FEEL FREE TO TAKE WHAT YOU CAN USE,
AND LEAVE THE REST.

使えそうなものだけ選んで、ほかは無視してもらってかまわない。

THERE ARE NO RULES.

ルールはなし。

TELL ME WHAT YOU THINK
OR SAY HELLO AT:

ご意見・ご感想は次のサイトまで。

WWW.AUSTINKLEON.COM

"DELETED SCENES" ボツネタの数々

この本はインデックス・カードから始まった。
採用されなかったネタの一部をご紹介したい。

BE AS GENEROUS AS YOU CAN, BUT SELFISH ENOUGH TO GET YR WORK DONE.
QUILTING VS WEAVING
the internet: Live By IT, Die By IT.
DRAWN TO SCALE
ORIGINALITY IS Depth + BREADTH of SOURCES
CONTAINER
VS
SKELETON
ALL ART IS A COLLABORATION.
MAKE things FOR PEOPLE you LOVE. FOR PEOPLE you WANT TO MEET.
YOUR PARENTS INVENT you, AND you TAKE IT FROM THEM.
STEAL FROM YOURSELF.
DREAMS | MEMORY.
CONTAIN MULTITUDES.
ARTISTS NEED POCKETS.

the "SO WHAT?" TEST
TIME + SPACE TRAVEL.
Contextomy
QUOTING OUT OF CONTEXT
GO DEEPER.
WHAT IF WE GIVE IT AWAY?
MUTATIONS
MISHEARD LYRICS
IMPERFECT COPIES FROM MEMORY
INFLUENCE IS ACTIVE, NOT PASSIVE.
Disoriented
CONFUSED, BUT NOT CONFOUNDED.
made up of several ingredients
WHAT DO YOU WANT YOUR DAYS TO LOOK LIKE?
ALWAYS BE READING
A BOOK IS A LENS TO SEE THE WORLD THROUGH.
WONDERING
WANDERING
STAY AWAY FROM MATCHES
DO IT WRONG.
MAKE IT STRANGE.
YOUR INSTRUMENTS LIKE LEGO BRICKS.
I CAME TO TEXAS FOR THE MYTHOLOGY.

次の方々に感謝したい。

妻のメガンに。
僕の最初の読者であり、僕の最初のすべてだ。

エージェントのテッド・ワインスタイン、
編集者のブルース・トレーシー、
ブック・デザイナーのリディヤ・トマス、
そして出版社「ワークマン」の優秀なチームの方々に。
みなさんの仕事ぶりには感心してばかりだ。

僕にアイデアを盗ませてくれた、リンダ・バリー、
エド・エンバリー、ヒュー・マクラウド、ジョン・T・アンガー、
ジェシカ・ハジー、カービー・ファーガソン、
モーリーン・マッキュー、リチャード・ナッシュ、
デイヴィッド・シールズ、ジョナサン・レセム、
クリス・グラス、ほか多数の方々に。
そして、「いつでも友達になります」のTシャツの
利用許可をくださったwireandtwine.comのみなさんに。

両親のサリー・クレオンとスコット・クレオンに。

細部まで目を光らせてくれたエイミー・ギャッシュに。

オンラインやオフラインのすばらしい友人や家族たちに。
僕のオリジナルのブログ記事をインターネットじゅうに配信し、
発想のヒントになるソースや引用をたくさん送ってくれた。

最後に、ブルーム・コミュニティ・カレッジに
深くお礼を申し上げたい。
スピーチの依頼をいただかなければ、
本書は生まれていなかったかもしれない。

訳者あとがき

本書は、Austin Kleon著、*Steal Like an Artist: 10 Things Nobody Told You About Being Creative*（Workman, 2012）の全訳である。作家、アーティスト、講演家として幅広く活躍する著者のオースティン・クレオン氏が、自身の創作活動を通じて学んだ教訓を「クリエイティブな人生を送る10のヒント」として紹介している本だ。創作をこころざす人々はもちろん、仕事や人生を少しでもクリエイティブにしたいと考えている人々なら誰でも参考になるアドバイスが詰まっている。

著者の名前を初めて耳にするみなさんのために、オースティン・クレオン氏について簡単に紹介しておこう。クレオン氏はオハイオ州の田舎町に生まれ、同州のマイアミ大学で哲学士号を取得。図書館員、Webデザイナー、広告コピーライターの仕事をしながら作家を目指し、2010年に詩集『Newspaper Blackout』で華々しいデビューを飾った。新聞を黒塗りにして単語を浮かび上がらせ、詩を綴るというシンプルながらも斬新な手法は、メディアの注目を集めた。その作品の一部は、本書の26ページや74ページなどにも掲載されている。

現在では、テキサス州オースティンで妻や愛犬とともに暮らしながら、新聞の黒塗りで詩を作るワークショップを開催したり、Googleをはじめとする一流企業やTEDなどのトーク・イベントで講演を行なったりと、マルチな才能を発揮している。

その彼が、デジタル時代のクリエイティブな生き方を指南しているのが本書だ。「Steal Like an Artist（アーティストのように盗め）」という原題にも表れているとおり、彼はトーク・イベントで「盗む（Steal）」という言葉を頻繁に使っており、本書でもキーワードの１つとして取り上げている。といっても、「盗作」を意味するわけではなく、「他人のいいところを盗む」というときの「盗む」と同じようなニュアンスだ。著者は、「この世にオリジナルなものなどなく、優れたクリエイターほど盗む術にたけている」と説く。実際、前作の『Newspaper Blackout』では、自身のオンライン・ブログで読者から募った作品も紹介しているようだ。本書では、この「盗む」という単語を合い言葉に掲げながら、創作、仕事、人生に共通する教訓を10の章に分けて紹介している。

その中には、「自分の読みたい本を書こう」「手を使おう」「できるまではできるフリ」といった創作の知恵から、「無名を楽しもう」「評価を求めない」といった考え方のコツ、「デジタルとアナログの空間を分けよう」「インターネットに自分の世界を作ろう」といったデジタル時代のヒント、「定職をもとう」「人には親切に」「平凡に生きよう」といった生き方のアドバイスまで、さまざまな提案が詰まっている。このアドバイスを自分の仕事に活かすには？　自分の生活に役立てるには？　そう考えながら本書を読み進めれば、きっと貴重な発見があると思う。

クレオン氏は「絵を描く作家（a writer who draws）」を座右の銘にしていることもあって、イラストにも心憎い工夫を施している。著者自身が「創造力は引き算」と語っているように、本書には数々の“引き算の芸術”が隠れている。新聞の黒塗りはその１つだが、５章や８章に掲載されている標識の写真も“引き算の芸術”という言葉がぴったりだ。この場を借りて少し説明しておきたい。

たとえば、77ページの写真は「荷物（belongings）を置いたままにしないでください」という標識の「be」を削って「longings（情熱）」としているし、114ページの写真は「CAUTION GARAGE EXIT（ガレージ出口につき注意）」から文字を削って「RAGE（怒りに注意）」としている。118ページの写真は本来の文章が不明だが、「Permit Me」は相手がドアを開けたりコートをかけたりしようとしているときに、「お手伝いします」と助けを差し伸べるときの決まり文句だ。122ページの写真は、アメリカの踏切でよく見かける「NO TRAIN HORN（警笛鳴らないので注意）」という標識から文字を削り、「NO PAIN（傷を引きずらないで）」などの意味合いを出しているようだ。

いずれも、iPhoneで撮った写真から専用のソフトウェアを使って文字を消去したアート作品であり、著者は「削る（de-）」と「看板（Sign）」という言葉を組み合わせて「de-Sign」と呼んでいる。もちろん「デザイン」ともかかっているようだ。著者は自身のブログで数々のde-Sign作品やBlackout作品を紹介しているので、興味のある人はぜひのぞいてみてほしい。

もちろん、先ほどの説明は解釈の１つにすぎない。本文にしてもイラストにしても、ぜひ自分なりに著者の意図を感じ取りながら、読み進めてみてほしい。著者も巻末で語っているように、読み方に「ルールはなし」なのだ。

2012年８月　　　　千葉敏生

著者紹介

オースティン・クレオン（Austin Kleon）

作家、アーティスト、講演家。新聞記事の黒塗りで作った詩集『Newspaper Blackout』の作者として知られ、作品は「ウォール・ストリート・ジャーナル」をはじめ、各種媒体で取り上げられている。また、本書の原書『Steal Like an Artist』は「ニューヨーク・タイムズ」のベストセラーリストにランクインした。テキサス州オースティン在住。

http://www.austinkleon.com

訳者紹介

千葉敏生（ちば・としお）

翻訳家。1979年横浜市生まれ。早稲田大学理工学部数理科学科卒。訳書に、チップ・ハース、ダン・ハース『スイッチ!』、ムハマド・ユヌス『ソーシャル・ビジネス革命』、フランク・モス『MITメディアラボ　魔法のイノベーション・パワー』（以上、早川書房）、マーティ・ニューマイヤー『ザグを探せ!』（実務教育出版）、アロン・ゴールドマン『ビジネスで大切なことはすべてGoogleが教えてくれる』（日本実業出版社）などがある。

クリエイティブの授業《じゅぎょう》
——“君《きみ》がつくるべきもの”をつくれるようになるために

2012年９月30日　初版第１刷発行
2019年10月１日　初版第９刷発行

著　者　オースティン・クレオン
訳　者　千葉敏生
発行人　小山隆之
発行所　株式会社実務教育出版
〒163-8671　東京都新宿区新宿1-1-12
電話　03-3355-1812（編集）
電話　03-3355-1951（販売）
振替　00160-0-78270
装　幀　重原隆
印　刷　シナノ印刷株式会社
製　本　東京美術紙工協業組合

ISBN978-4-7889-0805-5　C0030
定価はカバーに表示してあります。乱丁・落丁本は本社にておとりかえいたします。

DOODLES

落書きしよう